Affaire de Bourrienne

TARIF

DES

DOUANES DES PAYS-BAS.

A PARIS,
DE L'IMPRIMERIE ROYALE.

1827.

CET OUVRAGE se trouve chez RENARD,
A la Librairie du Commerce, rue Sainte-Anne, n.° 71.

PRIX : 1 fr. avec les quatre Supplémens.

TARIF

DES DOUANES DES PAYS-BAS.

A

TABLEAU des Droits à percevoir sur les Marchandises à l'entrée, à la sortie et au transit.

Nota. Les droits indiqués dans ce tableau sont ceux perçus sur les marchandises importées ou exportées sous pavillon étranger et par terre. Les importations ou exportations effectuées par navires des Pays-Bas jouissent d'une remise de 1/10.e de ces droits, sauf les cas où lesdites importations ou exportations se trouvent spécialement favorisées au tarif.

Outre les droits généraux du présent tarif, il est perçu un droit dit *de syndicat*, lequel est de 13 p. o/o du montant de ces droits généraux, et appliqué sans distinction du mode de transport des marchandises.

Les marchandises imposées au poids et pour lesquelles il n'est point fixé de tares spéciales au tarif, jouissent de celles ci-après,

en futailles.. 15 liv par 100 liv. poids brut.

en emballages de cuir, nattes, paniers, canassers, toiles et autres semblables.. 8 liv. *idem.*

Les importateurs qui ne trouveraient pas les taxes légales suffisantes, sont libres de payer les droits d'après le poids net des marchandises vérifié et constaté à leurs frais par les employés.

Il est accordé pour le coulage de toutes marchandises liquides autres que celles soumises à l'accise (1) les remises suivantes, savoir :

Huile de baleine, sans distinction de provenance.......................... 12 p. o/o.

Lard de baleine.. 6 p. o/o.

Autres articles.
- venant d'Angleterre ou d'Embden, Brême, Hambourg et autres lieux voisins connus sous le nom de *Kleineoost*, ou bien de France par les rivières.......................... 6 p. o/o.
- venant de France par mer, ou d'autres pays par le Rhin et le Waal.......................... 12 p. o/o.
- venant de tous autres lieux plus éloignés.......................... 14 p. o/o.

Les importateurs qui trouveraient insuffisante la déduction accordée pour le coulage, ont la faculté d'acquitter les droits sur la quantité réellement existante, vérifiée et constatée à leurs frais par les employés.

Les marchandises d'origine indigène qui seraient réimportées dans les Pays-Bas, sont traitées comme les marchandises étrangères, à moins que leur réimportation en franchise ne soit spécialement autorisée.

MARCHANDISES.	UNITÉS TAXÉES.	DROITS D'ENTRÉE.	DROITS DE SORTIE.	DROITS DE TRANSIT.
		florins. cents.	florins. cents.	florins. cents.
Abeilles en ruche	La ruche	0. 05.	0. 05.	0. 05.
Acides (muriatique, nitrique, vitriolique) d'origine française ou importés de France	"		Prohibés.	
Acides (muriatique, nitrique, vitriolique) d'ailleurs	La valeur	3 p. o/o.	1 p. o/o.	1 p. o/o.
Acier en feuilles, planches ou barres	Les 100 liv	0. 40.	0. 20.	0. 40.
Acier ouvré	La valeur	6 p. o/o.	1/2 p. o/o.	1 p. o/o.
Agaric	Les 100 liv	1. 10.	0. 50.	1. 00.

(1) Les marchandises soumises à l'accise sont : les boissons distillées, la saumure, le sel, le sucre et les vins. (*Voir*, pour la quotité du droit, chacun de ces articles au tarif.)

MARCHANDISES.	UNITÉS TAXÉES.	DROITS D'ENTRÉE.	DROITS DE SORTIE.	DROITS DE TRANSIT.
		flor. c.	flor. c.	flor. c.
Agates. (*Voyez* Pierres gemmes ou pierres précieuses.)				
Aiguilles	La valeur	6 p. o/o.	1/2 p. o/o.	1 p. o/o.
Aloès	Les 100 livres	1. 00.	0. 50.	1. 00.
Alun	*Idem*	1. 00.	0. 15.	1. 00.
Amandes { cassées	*Idem*	1. 50.	0. 50.	1. 50.
Amandes { en coque	*Idem*	1. 00.	0. 25.	1. 00.
Ambre { gris	La valeur	1 p. o/o.	1/2 p. o/o.	1 p. o/o.
Ambre { jaune	Les 100 livres	4. 00.	2. 00.	4. 00.
Amidon	*Idem*	10. 00.	0. 15.	1. 00.
Anes	Par tête	2. 00.	1. 00.	2. 00.
Anis { étoilé	Les 100 liv.	1. 00.	0. 50.	1. 00.
Anis { vert. (*Voyez* Graines.)				
Antimoine	*Idem*	0. 60.	0. 30.	0. 60.
Argent. (*Voyez* Or.)				
Armes et munitions de guerre. { Canons { de fer	*Idem*	2. 00.	0. 10.	0. 60.
Armes et munitions de guerre. { Canons { de fonte	*Idem*	9. 00.	1. 00.	1. 50.
Armes et munitions de guerre. { Boulets	*Idem*	2. 00.	0. 10.	1. 60.
Armes et munitions de guerre. { Balles de plomb de calibre	*Idem*	2. 00.	0. 10.	1. 00.
Armes et munitions de guerre. { de toute sorte à feu et blanches, y compris les casques et les cuirasses.	La valeur	6 p. o/o.	1/2 p. o/o.	1 p. o/o.
Arsenic	Les 100 liv	0. 75.	0. 40.	0. 75.
Assa fœtida. (*Voyez* Gomme.)				
Avelanèdes	*Idem*	0. 20.	0. 10.	0. 20.
Baies { de genièvre	*Idem*	0. 50.	0. 20.	4. 00.
Baies { jaunes	*Idem*	1. 50.	0. 75.	1. 50.
Baies { de laurier	*Idem*	0. 50.	0. 30.	0. 50.
Benjoin	*Idem*	3. 00.	1. 50.	3. 00.
Bestiaux { Agneaux	Par tête	0. 30.	0. 05.	0. 05.
Bestiaux { Cochons	*Idem*	1. 50.	0. 05.	0. 50.
Bestiaux { Génisses	*Idem*	10. 00.	0. 25.	0. 50.
Bestiaux { Moutons	*Idem*	0. 60.	0. 10.	0. 10.
Bestiaux { Taureaux, bœufs et vaches	*Idem*	20. 00.	0. 50.	1. 50.
Bestiaux { Veaux { d'un an	*Idem*	5. 00.	0. 20.	0. 40.
Bestiaux { Veaux { autres	*Idem*	2. 50.	0. 10	0. 20.
Beurre { rance	La valeur	4 p. o/o.	4 p. o/o.	4 p. o/o.
Beurre { autre	Les 100 liv	3. 00.	1. 50.	1. 50.
Bière { en barils	Le baril	6. 00.	0. 10.	1. 50.
Bière { en bouteilles de 116 ou plus au baril	Les 100 bout.	10. 50.	0. 10.	1. 50.
Bière { en cruches à eau de Selters	Les 100 cruch.	15. 00.	0. 15.	2. 25.
Bimbeloterie. (Voyez *Mercerie.*)				
Biscuit. (*Voyez* Pain.)				
Bleu { de Prusse	Les 100 liv.	5. 00.	2. 50.	2. 50.
Bleu { de montagne, minéral et bleu dit *torrentjes blaauw*	*Idem*	1. 00.	0. 75.	1. 50.
Bois { communs { de Norwége, de Russie, de la Baltique, en chargement complet (1). } à construire	Le tonneau	0. 25.	"	"
Bois { communs { d'ailleurs, en chargemt incomplet, { à brûler (2)	La valeur	6 p. o/o.	1 p. o/o.	1 p. o/o.
Bois { communs { d'ailleurs, en chargemt incomplet, { Bouleau (Balais de)	*Idem*	1/2 p. o/o.	6 p o/o.	1 p. o/o.
Bois { communs { d'ailleurs, en chargemt incomplet, { pour caisse à sucre candi	*Idem*	1 p. o/o.	1 p. o/o.	1 p. o/o.

(1) Seront réputées complètes les cargaisons dont la moitié consistera en bois.

(2) Il est réservé au Roi d'augmenter les droits de sortie du bois à brûler, lorsque des circonstances particulières exigeront cette mesure dans quelque partie du royaume, et même de prohiber entièrement, suivant l'exigence des cas, la sortie de cet article.

MARCHANDISES.	UNITÉS TAXÉES.	DROITS D'ENTRÉE.	DROITS DE SORTIE.	DROITS DE TRANSIT.
		flor. c.	flor. c.	flor. c.
Bois (*Suite*). — communs (*Suite*). — d'ailleurs, en chargem.t incomplet. (*Suite*). — Cercles et cerceaux (1) — d'osier rouge, de 22 à 26 palmes 7 po. de long	La valeur	6 p. o/o.	Prohibés.	
de saule	*Idem*	Prohibée.	1/2 p. o/o.	Prohibée.
autres	*Idem*	6 p. o/o.	1/2 p. o/o.	1 p. o/o.
Feuillard préparé en tout ou partie en cerceaux, échôles, gaules, perches, &c. (2)	*Idem*	6 p. o/o.	Prohibés.	
Mâts et esparres	*Idem*	1 p. o/o.	1 p. o/o.	1 p. o/o.
Merrain — à panneaux (*y compris les pièces de rebut*)	100 en nombre.	7. 50.	10. 00.	10. 00.
Merrain — à futailles (*y compris les pièces de rebut*) — longues	*Idem*	4. 00.	4. 50.	4. 50.
Merrain — à futailles — autres	*Idem*	1. 00.	1. 25.	1. 25.
Merrain — pour barils à harengs	"		Prohibée.	
Merrain — autres	*Idem*	3 p. o/o.	1 p. o/o.	1 p. o/o.
Osier — houssines, verges	*Idem*	6 p. o/o.	2 p. o/o.	1 p. o/o.
Osier — ouvré. (*Voyez* Vannerie.)	"			
Rames	*Idem*	3 p. o/o.	1 p. o/o.	1 p. o/o.
Saule pour cerceaux	"		Prohibés.	
autres — sciés entièrement ou autrement coupés, planches, poutres, madriers, solives (3)	*Idem*	6 p. o/o.	1/2 p. o/o.	1 p. o/o.
autres — non sciés	*Idem*	2 1/2 p. o/o.	1 p. o/o.	1 p. o/o.
autres que communs. — d'ébénisterie — Acajou, Buis, Cèdre	La valeur	2 p. o/o.	2 p. o/o.	1 p. o/o.
Noyer — pour bois de fusils	*Idem*	Exempt.	2 p. o/o.	1 p. o/o.
Noyer — autre	*Idem*	2 p. o/o.	2 p. o/o.	1 p. o/o.
non dénommés	*Idem*	2 p. o/o.	2 p. o/o.	1 p. o/o.
de teinture — non moulus — Brésillet	Les 100 livres.	0. 10.	0. 10.	0. 10.
Caliatour	*Idem*	0. 20.	0. 20.	0. 20.
Calu, Campêche. C. Caliatour				
Fernambouc	*Idem*	2. 00.	1. 00.	1. 80.
Fustet. *Comme* Caliatour.				
Giaac. *Comme* Brésillet.				
Jaune. *Comme* Caliatour.				
Saint-Martin	Le quintal	0. 40.	0. 20.	0. 40.
Santal. *Comme* Caliatour.				
Sapan. *Comme* Brésillet.				
Stokfish. *Com.* Caliatour.				
autre	Les 100 livres.	1. 00.	1. 50.	0. 30.
moulus	*Idem*	Prohibés.	0. 50.	Prohibés.
employés en médecine — Cassie	*Idem*	0. 40.	0. 20.	0. 40.
employés en médecine — Sassafras	*Idem*	0. 20.	0. 10.	0. 20.
ouvrés	La valeur	6 p. o/o.	1/2 p. o/o.	1 p. o/o.

(1) Il ne sera délivré de passeport pour l'exportation des cerceaux que sur la représentation et le dépôt d'un certificat à délivrer par deux tonneliers ou autres personnes compétentes, qui devront être spécialement nommés par le magistrat du lieu, et prêter serment entre ses mains. Ce certificat, outre l'indication du nombre de pièces ou de bottes, et des noms du navire et du patron qui doivent les exporter, contiendra la déclaration qu'ils ont fait, par eux-mêmes, l'inspection des cerceaux destinés à être chargés, et que, autant qu'ils ont pu s'en convaincre, il ne se trouve aucun cerceau d'osier rouge de 22 palmes à 26 palmes 7 pouces de long, tels qu'on les emploie pour les barils à harengs. Il sera payé par celui qui opère le chargement, pour frais de l'inspection et du certificat sus-mentionnés, outre la somme de soixante cents, en une fois, cinq cents en sus par nombre de quarante bottes ou millier de cerceaux; et si l'on effectue le chargement, pour l'exportation directe, dans un lieu où il n'existe pas de bureau de droits d'entrée et de sortie, le patron du navire, arrivé au bureau où doit être ensuite délivré le passeport d'exportation moyennant le paiement des droits, devra y remettre, en même temps que lesdits certificats, une déclaration constatant qu'il n'a chargé aucun cerceau ailleurs que dans l'endroit où les certificats ont été délivrés, ni d'autres cerceaux que ceux qu'il croit de bonne foi être énoncés dans les certificats: le tout sous peine de confiscation des cerceaux qui auront été autrement embarqués pour l'exportation, ou qui seront trouvés, au moment du chargement ou après, être des cerceaux prohibés ou autres que ceux pour lesquels il a été délivré des certificats, sans préjudice des autres peines prononcées par la loi sur le recouvrement des droits d'entrée et de sortie et des accises contre l'exportation en fraude de marchandises prohibées.

(2) Il est réservé au Roi de permettre la libre sortie du bois feuillard, ar des bureaux de la frontière de terre spécialement désignés. Le Roi, usant de cette faculté, a ouvert à cette exportation en franchise les bureaux d'Épain, Bleharies, Rume et Hertain.

(3) Cet article comprend aussi, pour ce qui concerne les droits d'entrée, les planches dont se composent ordinairement les planchers et les maisonnettes des trains de bois qui descendent les rivières.

MARCHANDISES.	UNITÉS TAXÉES.	DROITS D'ENTRÉE.	DROITS DE SORTIE.	DROITS DE TRANSIT.
		flor. c.	flor. c.	flor. c.
Boissons distillées (1). de grains... d'origine française ou importées de France	//		Prohibées.	
Boissons distillées (1). de grains... d'ailleurs... en barils	Le baril	2. 00.	0. 20.	2. 00.
Boissons distillées (1). de grains... d'ailleurs... en bouteilles de 116 ou plus au baril	Les 100 bout.	5. 00.	0. 20.	5. 00.
Boissons distillées (1). autres, y compris le rhum, le rack et les liqueurs... en barils	Le baril	1. 00.	0. 20.	0. 20.
Boissons distillées (1). autres, y compris le rhum, le rack et les liqueurs... en bouteilles de 116 ou plus au baril	Les 100 b	4. 00.	0. 20.	0. 20.
Bol d'arménie	La valeur	1 p. o/o.	1/2 p. o/o.	1 p. o/o.
Bonneterie. Mitaines d'Islande, d'Écosse, de Kloppenburg et de Danemarck	*Idem*	3 p. o/o.	1/2 p. o/o.	1 p. o/o.
Bonneterie. Bonnets, mitaines, gants, chaussons, jupes, camisoles, et autres vêtemens de coton, de laine ou de fil, tricotés soit à la main, soit au métier, d'origine française ou importés de France	*Idem*	20 p. o/o.	1/2 p. o/o.	1 p. o/o.
Bonneterie. Bonnets, mitaines, gants, chaussons, jupes, camisoles, et autres vêtemens de coton, de laine ou de fil, tricotés soit à la main, soit au métier, d'ailleurs	*Idem*	10 p. o/o.	1/2 p. o/o.	1 p. o/o.
Borax. brut, tinkal et borax à moitié raffiné, ou borax des Indes-Orientales	Les 100 livres	1. 00.	3. 00.	1. 00.
Borax. raffiné	*Idem*	6. 00.	0. 20.	2. 00.
Bougies	*Idem*	40. 00.	0. 30.	2. 40.
Bouteilles de verre	100 en nombre.	3. 00.	0. 05.	0. 25.
Boutons de corne et os, de bois, de soie, de métal, d'étain, de composition, &c.	La valeur	6 p. o/o.	1/2 p. o/o.	1 p. o/o.
Brai sec	Les 100 livres	0. 40.	0. 10.	0. 40.
Bronze (*Voyez* Cuivre.)				
Brosserie	La valeur	6 p. o/o.	1/2 p. o/o.	1. p. o/o.
Brun rouge	Les 100 livres	0. 40.	0. 20.	0. 40.
Câbles. (*Voyez* Cordages).				
Cacao. (Fèves de)	*Idem*	1. 50.	0. 30.	0. 30.
Cacao. (Pellicules de)	*Idem*	0. 30.	1. 15.	0. 30.
Cachou	La valeur	1 p. o/o.	1/2 p. o/o.	1 p. o/o.
Café	Les 100 livres	2. 00.	0. 05.	0. 10.
Calamine	*Idem*	0. 50.	0. 20.	0. 05.
Camphre.. brut	*Idem*	2. 00.	3. 00.	2. 00.
Camphre.. raffiné	*Idem*	3. 00.	1. 00.	3. 00.
Cannelle.. de Ceylan	La livre	0. 20.	0. 01.	0. 2 1/2.
Cannelle.. de la Chine	Les 100 livres	4. 00.	1. 00.	1. 80.
Cannes de jonc	La valeur	3 p. o/o.	1. p. o/o.	1 p. o/o.
Canons. (*Voyez* Armes.)				
Cantharides	Les 100 livres	7. 00.	3. 50.	3. 50.
Câpres... confites au sel	Le baril	1. 00.	0. 50.	0. 50.
Câpres... autres	La valeur	3 p. o/o.	1/2 p. o/o.	1 p. o/o.
Caractères d'imprimerie	*Idem*	12. 00.	0. 20.	2. 00.
Carcasses pour ouvrages de modes	La valeur	6 p. o/o.	1/2 p. o/o.	1 p. o/o.
Cardamome	Les 100 livres	5. 00.	2. 50.	2. 00.
Cardes de fil d'archal	La valeur	10 p. o/o.	1/2 p. o/o.	1/2 p. o/o.
Carmin	*Idem*	1 p. o/o.	1/2 p. o/o.	1 p. o/o.
Cartes géographiques et marines	*Idem*	1 p. o/o.	1/2 p. o/o.	1 p. o/o.
Cartes à jouer	La gr. de 12 d.	6. 00.	0. 05.	3. 00.
Carthame [Safranum]	Les 100 livres	1. 50.	1. 50.	1. 50.
Carton. (*Voyez* Papier.)				
Cascarilla	*Idem*	0. 60.	0. 30.	0. 60.
Cassia fistula	*Idem*	0. 50.	0. 25.	0. 50.
Cassia lignea	*Idem*	4. 00.	1. 00.	1. 80.
Castoreum	La livre	0. 60.	0. 30.	0. 10.
Cauris	La valeur	3 p. o/o.	2 p. o/o.	1 p. o/o.
Caviar	Le baril	1. 00.	0. 80.	1. 00.

(1) Les boissons distillées autres que *Liqueurs* paient un droit d'accise de 16 florins par baril de 10 degrés à l'aréomètre dit des Pays-Bas, et à la chaleur de 55 degrés du thermomètre de Fahrenheit. L'accise sur les liqueurs est de 24 florins par baril, sans distinction du degré de force.

MARCHANDISES.		UNITÉS TAXÉES.	DROITS D'ENTRÉE.	DE SORTIE.	DE TRANSIT.
			flor. c.	flor. c.	flor. c.
Cendres	Perlasse et potasse	Les 100 livres.	0. 80.	0. 40.	0. 50.
	Védasse	*Idem*	0. 50.	0. 30.	0. 30.
	de savonneries et de salines	La valeur	1/2 p. o/o.	Prohibées.	
	des foyers	Le ton. de mer.	0. 10.	2. 50.	2. 50.
	anglaise	Les 100 livres.	3. 00.	1. 50.	1. 50.
Chandelles de suif, et celles dites de composition		*Idem*	13. 50.	0. 20.	1. 50.
Chanvre	brut	*Idem*	0. 65.	0. 65.	0. 50.
	peigné	*Idem*	3. 00.	0. 50.	1. 00.
Chapeaux de poil, de feutre, de laine, de paille, de toile cirée, de cuir vernissé, &c.		La valeur	10 p. o/o.	1/2 p. o/o.	1 p. o/o.
Charbons	de terre et houille (1)	Les 1000 livres.	7. 00.	0. 10.	3. 00.
	de bois (2)	La valeur	1/2 p. o/o.	6 p. o/o.	1 p. o/o.
Chardons-cardières		*Idem*	1/2 p. o/o.	1/2 p. o/o.	1/2 p. o/o.
Chaux (3)	éteinte	Le tonneau de mer ou 10 rasières.	3. 00.	0. 50.	3. 00.
	vive	*Idem*	5. 00.	0. 10.	5. 00.
Chevaux	Poulains (4)	Par tête	2. 00.	1. 00.	1. 00.
	autres	*Idem*	6. 00.	3. 00.	2. 00.
Cheveux	ouvragés par les perruquiers	La valeur	6 p. o/o.	1/2 p. o/o.	1 p. o/o.
	autres	*Idem*	1 p. o/o.	6 p. o/o.	1 p. o/o.
Chicorée	(Racines de)	Les 100 livres.	0. 05.	0. 05.	0. 05.
	préparée ou moulue	*Idem*	1. 20.	0. 10.	0. 60.
Chocolat		*Idem*	12. 00.	1. 00.	2. 00.
Cidre	en barils	Le baril	7. 50.	0. 50.	1. 50.
	en bouteilles de 116 ou plus au baril	Les 100 bout.	10. 50.	0. 50.	1. 50.
	en cruches à eau de Selters	Les 100 cruch.	15. 00.	0. 75.	2. 25.
Cire	brute	Les 100 livres.	1. 00.	0. 80.	0. 50.
	blanchie	*Idem*	6. 00.	1. 00.	2. 00.
Cire à cacheter		La valeur	6 p. o/o.	1/2 p. o/o.	1 p. o/o.
Citrons. (*Voyez* Fruits.)					
Cobalt		Les 100 livres	0. 50.	0. 30.	0. 50.
Cochenille		La livre	0. 10.	0. 03.	0. 03.
Colcothar. (*Caput mortuum.* — Vitriol rubifié. — Oxide de fer.)		Les 100 livres.	0. 30.	0. 15.	0. 30.
Colle-forte		*Idem*	4. 00.	0. 20.	1. 50.
Colle de poisson		*Idem*	10. 00.	5. 00.	2. 00.
Coloquinte		*Idem*	2. 00.	1. 00.	2. 00.
Coquillages		La valeur	1 p. o/o.	1/4 p. o/o.	1/2 p. o/o.
Corail	brut	*Idem*	1 p. o/o.	1 p. o/o.	1 p. o/o.
	ouvré, dit *bloed-koralen*. (*Voyez* Pierres gemmes.)				
	ouvré, autre	*Idem*	5 p. o/o.	1/2 p. o/o.	1 p. o/o.
Cordages	Câbles et haubans, et toute autre espèce de cordages	Les 100 livres.	10. 00.	0. 20.	1. 50.
	vieux et usés, ne pouvant plus servir à la navigation, ainsi que ceux coupés en pièces ou réduits en filasse	*Idem*	0. 05.	Prohibés.	
Cordes de boyau pour instrumens de musique		La valeur	4 p. o/o.	1/2 p. o/o.	1 p. o/o.
Corne de cerf		Les 100 livres.	0. 20.	0. 10.	0. 20.
Cornes ou bouts de corne	de bœuf, vache, mouton, chèvre	*Idem*	1 p. o/o.	3 p. o/o.	1 p. o/o.
	de cerf, chevreuil, renne et autres semblables	*Idem*	1 p. o/o.	1 p. o/o.	1 p. o/o.

(1) Le transit des charbons de terre arrivant d'une partie d'un état voisin, et destinés pour un autre partie de ce même état, ne sera soumis qu'à un droit de 20 cent. les 100 livres.

(2) Il est réservé au Roi de prohiber la sortie des charbons de bois par des bureaux qui seront spécialement désignés.

(3) Il est réservé au Roi de permettre l'importation de la chaux, sans paiement de droits, lorsque cette mesure est jugée nécessaire dans quelque partie du royaume.

(4) Ne seront réputés poulains que ceux qui ont encore les dents de lait.

MARCHANDISES.	UNITÉS TAXÉES.	DROITS D'ENTRÉE.	DROITS DE SORTIE.	DROITS DE TRANSIT
		flor. c.	flor. c.	flor. c.
Coton... en laine	Les 100 livres.	0. 80.	0. 65.	0. 10.
Coton... filé. (*Voyez* Fil de coton.)				
Couperose. blanche	Les 100 livres.	1. 00.	0. 50.	0. 50.
Couperose. bleue	*Idem*	0. 60.	0. 30.	0. 30.
Couperose. verte	*Idem*	0. 30.	0. 10.	0. 20.
Coutellerie	La valeur	6 p. 0/0.	1/2 p. 0/0.	1 p. 0/0.
Craie.... moulue	Last. de 2,000 l.	1. 00.	0. 10.	1. 00.
Craie.... autre	*Idem*	0. 20.	0. 20.	0. 20.
Crayons de mine de plomb, de bois ou autres	La valeur	5 p. 0/0.	1/2 p. 0/0.	1 p. 0/0.
Crème de tartre	Les 100 livres.	1. 00.	0. 50.	1. 00.
Crèpes. (*Voyez* Gazes.)				
Creusets. (*Voyez* Poterie de terre.)				
Crins. (*Voyez* Poil.)				
Cristal de roche... brut	La valeur	1 p. 0/0.	1/2 p. 0/0.	1 p. 0/0.
Cristal de roche... ouvré	*Idem*	6 p. 0/0.	1/2 p. 0/0.	1 p. 0/0.
Cuirs. (*Voyez* Peaux.)				
Cuivre... battu, en barreaux ronds ou carrés, en fonds de chaudières et de bassins, ainsi que les planches pour doublage des navires	Les 100 livres.	6. 00.	0. 40.	1. 50.
Cuivre... Clous	*Idem*	4. 00.	0. 40.	2. 00.
Cuivre... en flan pour les monnaies	La valeur	Prohibé.	1/2 p. 0/0.	Prohibé.
Cuivre... jaune, brut, fondu en plaques et planches coulées	Les 100 livres.	4. 00.	1. 00.	1. 20.
Cuivre... Mitraille et potain	*Idem*	[illegible] 20.	4. 50.	1. 50.
Cuivre... Monnaie	″		Exempte.	
Cuivre... ouvré, bronzé, doré, soit proprement doré, soit vernissé, ou imitant l'or par suite d'une autre opération quelconque	La valeur	6 p. 0/0.	1/2 p. 0/0.	1 p. 0/0.
Cuivre... rouge, brut, fondu en plaques de l'épaisseur de 3 lignes et au-dessus, ainsi que rosette, planches coulées et limaille, et cuivre noir brut en plaques	Les 100 livres.	0. 60.	0. 60.	0. 60.
Cumin	Les 100 livres.	1. 00.	0. 30.	0. 50.
Curcuma.. moulu	*Idem*	1. 00.	0. 30.	1. 00.
Curcuma.. non moulu	*Idem*	0. 10.	0. 30.	0. 60.
Dattes	*Idem*	0. 25.	0. 15.	0. 25.
Dentelles de fil, de coton, d'or et d'argent, et de soie	La valeur	6 p. 0/0.	Exemptes.	1 p. 0/0.
Dents.... d'éléphant	Les 100 livres.	5. 00.	2. 00.	[illegible] 00.
Dents.... de narval.. de pêche nationale	La valeur	Exemptes	2 p. 0/0.	1 p. 0/0.
Dents.... de narval.. de pêche étrangère	*Idem*	6 p. 0/0.	2 p. 0/0.	1 p. 0/0.
Drilles et chiffons... vieux papier de rebut; vieux linge et vêtemens de toile usés, qui se vendent au poids, quand ils pèsent une livre ou plus; Cordages vieux et usés ne pouvant plus servir à la navigation; Cordages vieux, coupés en pièces ou réduits en filasse; Filets vieux et usés	Les 100 livres.	0. 05.	Prohibés.	
Drogueries non dénommées	La valeur	1 p. 0/0.	1/2 p. 0/0.	1 p. 0/0.
Duvet. (*Voyez* Plumes.)				
Eau-forte.. d'origine française ou importée de France		″	Prohibée.	
Eau-forte.. d'ailleurs	Les 100 livres.	5. 60.	0. 20.	0. 80.
Écaille de tortue... brute	La valeur	1 p. 0/0.	1/2 p. 0/0.	1 p. 0/0.
Écaille de tortue... ouvrée	*Idem*	6 p. 0/0.	1/2 p. 0/0.	1 p. 0/0.

MARCHANDISES.	UNITÉS TAXÉES.	DROITS D'ENTRÉE.	DROITS DE SORTIE.	DROITS DE TRANSIT.
		flor. c.	flor. c.	flor. c.
Écorces, de citron et d'orange, confites	La valeur	5 p. o/o.	1/2 p. 1/o.	1 p. o/o.
Écorces, de citron et d'orange, autres	Les 100 livres.	0. 40.	0. 20.	0. 40.
Écorces, de melon, confites	*Idem*	3. 00.	1. 50.	2. 00.
Écorces, à tan, moulues	La valeur	6 p. o/o.	1/2 p. o/o.	2 p. o/o.
Écorces, à tan, non moulues (1)	*Idem*	1/2 p. o/o.	1 1/2 p. o/o.	1/2 p. o/o.
Engrais autres que Cendres de foyers	"	Exempts.	Prohibés.	
Épingles	Les 100 livres.	30. 00.	0. 05.	3 00.
Éponges	La valeur	4 p. o/o.	1/2 p. o/o.	1 p. o/o.
Esprits. (*Voyez* Boissons distillées.)				
Étain, brut	Les 100 livres.	1. 50.	0. 50.	1. 20.
Étain, ouvré	*Idem*	10. 00.	0. 35.	1. 80.
Étoupes de chanvre (2)	*Idem*	0. 10.	2. 00.	0. 10.
Euphorbe. (*Voyez* Gomme.)				
Fanons de baline, de pêche nationale	La valeur	Exempts.	2 p. o/o.	1 p. o/o.
Fanons de baline, de pêche étrangère	*Idem*	6 p. o/o.	2 p. o/o.	1 p. o/o.
Fanons de baline, coupés	*Idem*	6 p. o/o.	2 p. o/o.	1 p. o/o.
Farine de toute espèce, semoule, son	Les 100 livres.	12. 00.	Exempte.	9. 00.
Faïence de toute sorte, française, ou importée de France	*Idem*	20. 00.	0. 30.	0. 60.
Faïence de toute sorte, d'ailleurs	*Idem*	6. 00.	0. 30.	0. 60.
Fer, Minerai	La valeur	1/2 p. o/o.	Prohibé.	
Fer, Fonte	Les 100 livres.	0. 25.	1. 00.	0. 20.
Fer, en barres	*Idem*	4. 25.	0. 05.	0. 20.
Fer, ouvré (3), coulé, en plaques de cheminée, poêles, poids, vases, enclumes	*Idem*	6. 30.	0. 10.	0. 20.
Fer, ouvré (3), coulé, battu, et ancres	*Idem*	3. 25.	0. 10.	0. 20.
Fer, ouvré (3), Cercles et bandes	*Idem*	10. 35.	0. 10.	0. 60.
Fer, ouvré (3), Chaudières de salines et autres, tôle	*Idem*	10. 35.	0. 10.	0. 60.
Fer, ouvré (3), Clous	*Idem*	6. 30.	0. 10.	0. 60.
Fer, vieux ou ferraille	La valeur	Prohibé.	3 p. o/o.	Prohibé.
Fer blanc, ouvré, verni, peint ou non	*Idem*	6 p. o/o.	1/2 p. o/o.	1 p. o/o.
Fer blanc, autre	Les 100 livres.	6. 30.	0. 20.	1. 60.
Figues	*Idem*	1. 00.	0. 30.	0. 50.
Fil, de chanvre et de lin, écru, à dentelle	La valeur	Exempt.	5 p. o/o.	"
Fil, de chanvre et de lin, écru, autre	*Idem*	1/2 p. 1/o.	3 p. o/o	1 p. o/o.
Fil, de chanvre et de lin, blanc et tors	*Idem*	5 p. o/o.	5 p. o/o.	1 p. o/o
Fil, de chanvre et de lin, de carret et dit *shufgaren*	Les 100 livres.	5. 00.	0. 50.	1. 20.
Fil, de chanvre et de lin, à coudre	La valeur	6 p. o/o.	1/2 p. o/o.	1 p. o/o.
Fil, de chanvre et de lin, pour filets à harengs	*Idem*	1/2 p. o/o.	Prohibé.	
Fil, de chanvre et de lin, à tisser	*Idem*	1 p. o/o.	1 p. o/o.	1 p. o/o.
Fil, de chanvre et de lin, à voiles	Les 100 livres.	2. 00.	0. 50.	1. 50.
Fil, de chanvre et de lin, autre non dénommé	La valeur	6 p. o/o.	1/2 p. o/o.	1 p. o/o.
Fil, de coton, non tors et non teint	Les 100 livres.	40. 00.	1. 00.	2. 00.
Fil, de coton, tors ou teint	*Idem*	50. 00.	0. 50.	2. 50.

(1) La sortie des écorces à tan moyennant les droits ci-dessus n'est permise que par les frontières maritimes; elle peut avoir lieu par les bureaux suivans, sous le paiement d'un droit de 20 p. o/o de la valeur : Bocholtz, Jalhay, Petithier, Weiswampach, Bouillon, Sugny, Aubange, Behault, Gouvin, Wervicq, Lokert, Rœsbrugge, Pontrouge, Abeelen.

(2) Il est réservé au Roi d'en défendre la sortie par les frontière de terre, par des bureaux qui seront spécialement désignés.

(3) Le gouvernement se réserve de permettre, dans des cas spéciaux, l'introduction sous des droits moindres, des plaques de fer laminé des dimensions requises pour la fabrication des chaudières à vapeur, s'il ne s'en fait pas do cette dimension dans le pays, et s'il est prouvé qu'on s'en sert à cet usage.

MARCHANDISES.	UNITÉS TAXÉES.	DROITS D'ENTRÉE.	DROITS DE SORTIE.	DROITS DE TRANSIT.
		flor. c.	flor. c.	flor. c.
Fil (*Suite*). de laine. écru, non teint	Les 100 livres.	6. 00.	1. 00.	1. 75.
Fil (*Suite*). de laine. écru, filé dans le royaume, teint ou non			Exempt (1).	
Fil (*Suite*). de laine. simple, teint; tors, teint ou non	*Idem*	8. 00.	0. 50.	2. 00.
Fil (*Suite*). de poil de chèvre d'Angora. écru	*Idem*	2. 00.	4. 00.	2. 00.
Fil (*Suite*). de poil de chèvre d'Angora. teint	*Idem*	12. 00.	2. 00.	2. 50.
Fil (*Suite*). métallique, d'acier	*Idem*	0. 50.	0. 20.	0. 50.
Fil (*Suite*). métallique, de cuivre	*Idem*	4. 00.	0. 40.	2. 00.
Fil (*Suite*). métallique, de fer	*Idem*	3. 25.	0. 10.	0. 60.
Fil (*Suite*). métallique, d'or et d'argent	La valeur	5 p. o/o.	1/2 p. o/o.	1 p. o/o.
Filets et autres ustensiles pour toute espèce de pêche	*Idem*	1 p. o/o.	2 p. o/o.	1 p. o/o.
Filets vieux et usés	Les 100 livres.	0. 05.	Prohibés.	
Fleurs artificielles. (*Voyez* Modes.)				
Foin	Les 1,000 liv.	0. 25.	0. 20.	0. 20.
Fromages. indigènes. gras	Les 100 livres.	//	0. 50.	//
Fromages. indigènes. de Limbourg	*Idem*	//	0. 50.	//
Fromages. indigènes. à cumin	*Idem*	//	0. 25.	//
Fromages. indigènes. de Frise, dit *kanter-kaas*	*Idem*	//	0. 15.	//
Fromages. étrangers de toute espèce	*Idem*	5. 00.	0. 50.	1. 50.
Fruits. verts et secs de toute espèce, autres que ceux dénommés	La valeur	3 p. o/o.	1/2 p. o/o.	1 p. o/o.
Fruits. confits à l'eau-de-vie ou au sucre	*Idem*	3 p. o/o.	1/2 p. o/o.	1 p. o/o.
Fruits. confits au sel	Le baril	1. 00.	0. 50.	0. 50.
Futailles (2). neuves et vides de toute espèce	La valeur	Prohibées.	1/2 p. o/o.	Prohibées.
Futailles (2). vieilles	*Idem*	3 p. o/o.	2 p. o/o.	2 p. o/o.
Futailles (2). Barils à harengs vides	//		Prohibés.	
Galbanum (*Voyez* Gommes.)				
Galle (Noix de)	Les 100 livres.	2. 00.	1. 00.	1. 50.
Gants. de cuir. (*Voyez* Cuirs ouvrés.)				
Gants. de soie. (*Voyez* Soie.)				
Gants. autres. (*Voyez* Bas.)				
Garance. Alizari proprement dit	Les 100 livres.	1. 50.	0. 40.	1. 00.
Garance. Racines. vertes ou séchées et broyées ailleurs que dans les fours à garance	La valeur	1/2 p. o/o.	Prohibées.	
Garance. Racines. séchées et broyées dans les fours à garance, et renfermées dans des colis portant la marque de ces fours	Les 100 livres.	//	3. 00.	//
Garance. Poudre	*Idem*	6. 00.	1. 00.	2. 00.
Garance. commune	*Idem*	3. 00.	0. 50.	1. 00.
Garance. Mule	*Idem*	1. 50.	0. 25.	0. 50.
Gaude	*Idem*	0. 50.	0. 25.	0. 50.
Gazes, marli et crêpe de toute espèce et de toute couleur	La livre	4. 00.	0. 35.	0. 70.
Gingembre. sec	*Idem*	0. 60.	0. 40.	0. 60.
Gingembre. confit	*Idem*	6. 00.	2. 00.	2. 00.
Girofle (Clous et antofles de) de Batavia, importés directement	La valeur	Exempts (4).	1/2 p. o/o.	//
Girofle (Clous et antofles de) d'ailleurs	*Idem*	3 p. o/o.	1 1/2 p. o/o.	1 p. o/o.

(1) Avec permission spéciale, et sous les précautions nécessaires.

(2) Les futailles propres à être portées à dos d'hommes, et d'une contenance moindre de 35 litrons, sont prohibées à la sortie par la frontière de terre, à moins qu'elles ne soient neuves et n'aient jamais contenu aucun liquide fermenté ou distillé.

(3) L'exportation n'est permise que de l'entrepôt.

(4) L'on ne jouira de cette franchise de droits que lorsque les girofles seront importés dans des barils ou des caisses pesant au moins 62 livres *net*, et qu'ils seront accompagnés d'un certificat de sortie, à délivrer par la direction principale des finances à Batavia.

MARCHANDISES.	UNITÉS TAXÉES.	DROITS. D'ENTRÉE.	DE SORTIE.	DE TRANSIT.
		flor. c.	flor. c.	flor. c.
Gommes.. arabique	Les 100 livres.	1. 20.	0. 60.	1 00.
ammoniaque	Idem	3. 00.	1. 50.	2. 00.
Assa-fœtida				
Copal				
Euphorbe	Idem	0. 50.	0. 30.	0. 50.
Galbanum	Idem	//	//	//
gutte				
de gaïac	Idem	2. 00.	1. 00.	1. 50.
Laque... en feuilles	Idem	1. 00.	0. 50.	1. 00.
Laque... florentine. (*Comme Teinture non dénommée.*)				
Laque... de Venise en boules [*kogellak*]	Idem	2. 00.	0. 15.	1. 20.
Myrrhe	Idem	2. 00.	1. 00.	2. 00.
Olibanum	Idem	1. 00.	0. 50.	1. 00.
Sandaraque	Idem	1. 00.	0. 50.	1. 00.
du Sénégal. (*Comme arabique.*)				
Goudron	Les 13 tonneaux ou 2,000 livres.	1. 00.	0. 60.	1. 00.
Graines... d'alpiste [Canarie]	La rasière	0. 20.	0. 10.	0. 20.
d'anis	Les 100 livres.	1. 00.	0. 30.	1. 00.
de chanvre	Le last	1. 50.	6. 00.	4. 00.
de colza	Idem	2. 00.	5. 00.	4. 00.
de lin... pour semence, du 1.er août jusqu'au 1.er avril	Idem	4. 80.	2. 40.	4. 80.
de lin... en tout autre temps	Idem	2. 00.	5. 00.	4. 00.
de jardin	Les 100 livres.	2. 50.	0. 30.	1. 00.
de moutarde	La rasière	0. 15.	0. 10.	0. 15.
de navette. (*Comme Colza.*)				
d'oignon. (*Comme de jardin.*)				
de paradis. (*Comme Drogueries non dénommées.*)				
de rabette	Le last	1. 00.	6. 00.	6. 00.
de trèfle	Idem	1. 00.	6. 00.	3. 00.
de vesce. (*Comme Rabette.*)				
Grains... Avoine (1)	Idem	7. 00.	0. 10.	1. 00.
Drèche (1)	Idem	6. 00.	0. 50.	4. 10.
Épeautre.. mondé (1)	Idem	7. 00.	0. 10.	//
Épeautre.. non mondé (1)	Idem	15. 00.	0. 15.	//
Fèves et vesces	Idem	6. 00.	0. 20.	2. 40.
Froment (1)	Les 1,000 livres	11. 25.	0. 10.	1. 30.
Orge	Le last	12. 00.	0. 10.	2. 50.
Pois	Idem	7. 00.	0. 20.	2. 40.
Sarrasin	Idem	9. 00.	0. 20.	2. 00.
Seigle (1)	Les 1,000 livres	7. 50.	0. 07.	0. 80.
Graisse... de baleine... de pêche nationale	Le baril	Exempte.	0. 50.	0. 50.
de baleine... de pêche étrangère	Idem	1. 00.	0. 50.	0. 50.
autre	Les 100 livres.	0. 80.	0. 30.	0. 60.
Graphite ou plombagine	Idem	0. 60.	0. 10.	0. 60.
Gravures	La valeur	1 p.r o/o.	1/2 p. o/o.	1. 50.
Grenats. (*Comme Pierres gemmes.*)				
Gruaux de toute sorte de grains	Les 100 livres.	2. 50.	0. 50.	1. 50.
Habillemens neufs, à l'usage d'hommes et de femmes	La valeur	10 p. o/o.	1/2 p. o/o.	1 p. o/o.
Horloges et pendules	Idem	6 o/o	1/2 p. o/o.	1 p. o/o.
Houblon	Les 100 livres.	0. 60.	0. 30.	0. 30.

(1) Il est réservé au Roi de réduire les droits d'entrée sur l'avoine, la drèche, le seigle, l'épeautre mondé ou non et le froment, à mesure que les circonstances qui ont donné lieu à l'augmentation subiront des changemens.

MARCHANDISES.	UNITÉS TAXÉES.	DROITS D'ENTRÉE.	DROITS DE SORTIE.	DROITS DE TRANS
		flor. c.	flor. c.	flor. c
Huile, comestible, d'olives	Le baril	1. 00.	0. 50.	0. 8
Huile, comestible, d'oliette, de faines, de pavôt et autres de même espèce	*Idem*	0. 80.	0. 40.	0. 8
Huile d'épiceries	La valeur	3 p. o/o.	1/2 p. o/o.	1 p. o/
Huile de graines	Le baril	5. 80.	0. 05.	0. 8
Huile de poisson, de pêche nationale, *y compris la pêche du détroit de Davis*	*Idem*	0. 25.	0. 10.	0. 2
Huile de poisson, de pêche étrangère	*Idem*	1. 00.	0. 25.	1. 0
Huile de térébenthine	Les 100 livres.	1. 00.	0. 20.	1. 0
Huile de vitriol	*Idem*	1. 20.	0. 05.	0. 5
Hydromel, en barils	Le baril	5. 00.	0. 50.	0. 7
Hydromel, en bouteilles de 116 ou plus au baril	Les 100 bout.	8. 00.	0. 50.	0. 7
Indigo	La livre	0. 04.	0. 02.	0. 2 1
Instrumens, de mathématiques, de physique, de chirurgie, d'optique	La valeur	3 p. o/o.	1/2 p. o/o.	1 p. o/
Instrumens de musique	*Idem*	5 p. o/o.	1/2 p. o/o.	1 p. o/
Ipécacuanha	Les 100 livres.	10. 00.	5. 00.	5. 0
Ivoire, brut. (*Voyez* Dents d'éléphant.)				
Ivoire, ouvré. (*Voyez* Mercerie.)				
Jalap	*Idem*	4. 00.	2. 00.	2. 0
Jambons. (*Voyez* Viandes.)				
Jus de citrons et de limons, en barils	Le baril	7. 50.	0. 50.	1. 5
Jus de citrons et de limons, en bouteilles de 116 ou plus au baril	Les 100 bout.	10. 50.	0. 50.	1. 5
Jus de citrons et de limons, en cruches à eau de Selters	Les 100 cruch.	15. 00.	0. 75.	2. 25
Kermès minéral. (*Voyez* Produits chimiques.)				
Labdanum. (*Voyez* Drogues.)				
Laine de toute espèce, sans distinction d'origine (1)	La valeur	Exemptes.	1 p. o/o (1)	1 p. o/o
Laiton. (*Voyez* Cuivre.)				
Langues de bœuf. (*Voyez* Viandes.)				
Lard, salé en tonneaux	Les 100 livres.	8. 00.	0. 30.	1. 50
Lard, en flèches, *avec épaules et cuisses*	*Idem*	6. 00.	0. 30.	1. 50
Légumes verts et secs, autres que ceux dénommés	″		Eeempts.	
Levure	La valeur	3 p. o/o.	1 p. o/o.	1 p. o/o
Liége, brut	*Idem*	1 p. o/o.	1/2 p. o/o.	1 p. o/o
Liége, Bouchons de)	*Idem*	10 p. o/o.	1/2 p. o/o.	1 p. o/o
Limons. (*Voyez* Fruits non dénommés.)				
Lin, brut, y compris le déchet, dit *snuit* (2)	Les 100 livres.	0. 25.	1. 00.	0. 5
Lin, peigné	*Idem*	5. 00.	0. 25.	1. 00
Litharge d'or et d'argent	*Idem*	0. 40.	0. 20.	0. 40
Livres, brochés ou en feuilles	*Idem*	15. 00.	5. 00.	10. 00
Livres, reliés ou cartonnés	*Idem*	20. 00.	3. 00.	10. 00
Macaroni. (*Voyez* Farine.)				

(1) Il est réservé au Roi d'en défendre la sortie sur les frontières de terre, par des bureaux qui seront spécialement désignés.

(2) L'administration des droits d'entrée et de sortie et des accises veillera à ce qu'il ne se commette point de fraude relativement à la mise en roui du lin, dans la distance d'une lieue de la frontière ; elle aura la faculté de prendre, selon les circonstances, les précautions nécessaires, et pourra même exiger des acquits-à-caution pour l'intérieur, sous consignation ou caution valable pour le montant des droits, à l'effet de s'assurer que le lin retourne dans l'intérieur.

MARCHANDISES.	UNITÉS TAXÉES.	DROITS D'ENTRÉE.	DROITS DE SORTIE.	DROITS DE TRANSIT.
		flor. c.	flor. c.	flor. c.
Machines et mécaniques à l'usage des fabriques et manufactures (1)	La valeur	6 p. o/o.	1/2 p. o/o.	1 p. o/o.
Macis de Batavia, importés directement	*Idem*	Exempt (2).	1/2 p. o/o.	//
Macis d'ailleurs	*Idem*	3 p. o/o.	1/2 p. o/o.	1 p. o/o.
Magnésie	Les 100 livres.	2. 00.	1. 00.	2. 00.
Manganèse	*Idem*	0. 50.	0. 10.	0. 50.
Manne	*Idem*	1. 00.	0. 50.	1. 00.
Mastic	*Idem*	2. 50.	1. 20.	1. 75.
Mélasse brute importée directement des pays hors d'Europe et par navires nationaux	*Idem*	3. 00.	0. 50.	1. 00.
Mélasse brute importée d'ailleurs	//		Prohibée.	
Mélasse épurée	//		*Idem.*	
Mercerie, *y compris tous les articles non dénommés de papier, de bois, de fer, d'acier, de cuivre et d'autres métaux, d'ivoire, d'écaille de tortue, d'ambre jaune, les perles et pierres fausses, et toutes compositions de même espèce*	La valeur	6 p. o/o.	1/2 p. o/o.	1 p. o/o.
Mercure	Les 100 livres.	1. 50.	3. 00.	1. 50.
Meubles	La valeur	6 p. o/o.	1/2 p. o/o.	1 p. o/o.
Miel	Les 100 livres.	1. 00.	0. 20.	1. 00.
Millet	*Idem*	0. 30.	0. 10.	0. 30.
Modes (Ouvrages de)	La valeur	10 p. o/o.	1/2 p. o/o.	1 p. o/o.
Montres d'or	La pièce	1. 00.	0. 50.	0. 75.
Montres d'argent	*Idem*	0. 50.	0. 25.	0. 50.
Montres de similor, &c.	*Idem*	0. 30.	0. 20.	0. 30.
Mousse. (*Voyez* Drogues.)				
Mulets	Par tête	4. 00.	2. 00.	4. 00.
Musc	La livre	5. 00.	2. 50.	2. 50.
Musique gravée. (*Voyez* Livres.)				
Myrrhe. (*Voyez* Gomme.)				
Nacre de perle brute	*Idem*	1 p. o/o.	1/2 p. o/o.	1 p. o/o.
Nacre de perle ouvrée	*Idem*	5 p. o/o.	1/2 p. o/o.	1 p. o/o.
Nattes de Russie	*Idem*	1 p. o/o.	1 p. o/o.	1 p. o/o.
Nattes autres	*Idem*	3 p. o/o.	1 p. o/o.	1 p. o/o.
Noir d'os	Les 100 livres.	0. 25.	0. 10.	0. 25.
Noir d'Espagne	La valeur	1 p. o/o.	1 p. o/o.	1 p. o/o.
Noisettes. (*Voyez* Fruits non dénommés.)				
Noix communes. (*Voyez* Fruits non dénommés.)				
Noix Muscades de Batavia importées directement	*Idem*	Exemptes (3).	1/2 p. o/o.	//
Noix Muscades d'ailleurs	*Idem*	3 p. o/o.	1/2 p. o/o.	1 p. o/o.
Ocre	Les 100 livres.	0. 10.	0. 05.	0. 10.
Œufs	La valeur	2 p. o/o.	1/2 p. o/o.	2 p. o/o.
Oignons de fleurs	*Idem*	1/2 p. o/o.	1/2 p. o/o.	1/2 p. o/o.
Olibanum. (*Voyez* Gomme.)				
Olives. (*Voyez* Fruits non dénommés.)				
Opium	La livre	0. 15.	0. 10.	0. 10.

(1) Il est réservé au Roi d'accorder la libre entrée des machines et mécaniques, lorsque l'intérêt de l'industrie nationale l'exige.

(2) On ne jouira de cette franchise de droits que lorsque le macis sera importé dans des barils ou des caisses pesant au moins 62 livres *net*, et accompagnés d'un certificat de sortie, à délivrer par la direction principale des finances à Batavia.

(3) On ne jouira de cette franchise de droit, que lorsque les noix seront importées dans des barils ou des caisses pesant au moins 62 livres *net*, et qu'elles seront accompagnées d'un certificat de sortie, à délivrer par la direction principale des finances à Batavia.

MARCHANDISES.	UNITÉS TAXÉES.	DROITS D'ENTRÉE.	DROITS DE SORTIE.	DROITS DE TRANSI[T]
		flor. c.	flor. c.	flor. c.
Or… en barres, lingots et en masse	″		Exempt.	
Or… en feuilles, battu	La valeur	5 p. o/o.	1/2 p. o/o.	1 p. o/o
Or… en monnaie	″		Exempt.	
Or… en poudre	″		*Idem.*	
Or… ouvré… non brisé	La valeur	6 p. o/o.	1/2 p. o/o.	1 p. o/o
Or… ouvré… brisé	″		Exempt.	
Oranges. (*Voyez* Fruits non dénommés.)				
Oreillons à fabriquer la colle-forte	La valeur	1/2 p. o/o.	Prohibés.	
Orseille	Les 100 livres	1. 00.	0. 40.	1. 00
Os… de bœufs, de vaches et d'autres animaux	La valeur	1/2 p. o/o.	Prohibés.	
Os… dont on a extrait la gélatine	*Idem*	1/2 p. o/o.	6 p. o/o.	1 p. o/o
Paille	*Idem*	1 p. o/o.	Prohibée.	1 p. o/8
Pain… de toute sorte de grains. / d'épice (*Voyez* Farine.)				
Papier… de carton, destiné à la fabrication des cartes à jouer, colorié et maculature	*Idem*	3 p. o/o.	1/2 p. o/o.	1 p. o/o
Papier… de tenture	*Idem*	10 p. o/o.	1/2 p. o/o.	1 p. o/o
Papier… rayé pour musique	*Idem*	3 p. o/o.	1/2 p. o/o.	1 p. o/o
Papier… de toute espèce, blanc, gris, bleu à l'usage des raffineries de sucre, ainsi que les registres en papier blanc et rayé	*Idem*	15 p. o/o.	1/2 p. o/o.	1 p. o/o
Papier… portant les noms ou les marques caractéristiques des papeteries du royaume des Pays-Bas	″		Prohibé.	
Papier… vieux et rognures	Les 100 livres	0. 5.	Prohibés.	
Parapluies et parasols	La valeur	6 p. o/o.	1/2 p. o/o.	1 p. o/o
Parchemin… neuf	*Idem*	6 p. o/o.	1/2 p. o/o.	1 p. o/o
Parchemin… (Rognures de)	*Idem*	1/2 p. o/o.	Prohibées.	
Parfumeries	*Idem*	6 p. o/o.	1/2 p. o/o.	1 p. o/o
Passementeries, (franges, cordons, galons, aiguillettes, lacets, &c.)	*Idem*	6 p. o/o.	1/2 p. o/o.	1 p. o/o
Pastel	Les 100 livres	0. 25.	0. 25.	0. 25
Peaux… indigènes	La valeur	″	6 p. o/o.	″
Peaux… autres… brutes… d'agneau	*Idem*	1 p. o/o.	6 p. o/o.	1 p. o/o
Peaux… autres… brutes… de bouc. (*Comme d'agneau.*)				
Peaux… autres… brutes… de buffle	*Idem*	1 p. o/o.	1. 00.	1 p. o/o
Peaux… autres… brutes… de castor	*Idem*	1/2 p. o/o.	6 p. o/o.	1 p. o/o
Peaux… autres… brutes… de cerf, de chevreuil, de chèvre, de chien (*Comme d'agneau*).				
Peaux… autres… brutes… de chien de mer	*Idem*	1 p. o/o.	1 p. o/o.	1 p. o/o
Peaux… autres… brutes… d'élan. (*Comme de buffle.*)				
Peaux… autres… brutes… de lapin, de lièvre (*Comme de castor.*)				
Peaux… autres… brutes… de mouton. (*Comme d'agneau.*)				
Peaux… autres… brutes… autres	Les 100 livres	15. 00.	0. 30.	1. 50
Peaux… autres… en vert et salées	La valeur	1 p. o/o.	6 p. o/o.	1 p. o/o
Peaux… autres… sèches	Les 100 livres	1. 00.	1. 00	[illegible] 00
Peaux… autres… apprêtées de toute sorte, avec ou sans poil… de castor, de chien de mer, de lapin, de lièvre, de mouton	*Idem*	15. 00.	0. 30.	1. 50
Peaux… autres… apprêtées de toute sorte, avec ou sans poil… de roussi	La valeur	1 p. o/o.	1 p. o/o.	1 p. o/o
Peaux… autres… apprêtées de toute sorte, avec ou sans poil… autres	Les 100 livres	15. 50.	0. 30.	1. 50
Peaux… autres… ouvrées de toute sorte	La valeur	6 p. o/o.	1/2 p. o/o.	1 p. o/o
Peaux… autres… (Rognures de)	*Idem*	1/2 p. o/o.	Prohibées.	

MARCHANDISES.	UNITÉS TAXÉES.	DROITS D'ENTRÉE.	DROITS DE SORTIE.	DROITS DE TRANSIT.
		flor. c.	flor. c.	flor. c.
Pelleteries. non apprêtées	La valeur	1 p. o/o.	1 p. o/o.	1 p. o/o.
Pelleteries. apprêtées	*Idem*	6 p. o/o.	1/2 p. o/o.	1 p. o/o.
Perlasse et potasse. (*Voyez* Cendres).				
Perles. fines. (*Voyez* Pierres gemmes.)				
Perles. fausses. (*Voyez* Mercerie.)				
Pierres. à aiguiser	*Idem*	3 p. o/o.	1/2 p. o/o.	1 p. o/o.
Pierres. Ardoises. de France	Les 1,000 en nomb.	3. 00.	″	″
Pierres. Ardoises. autres	*Idem*	1. 00.	0. 15.	0. 75.
Pierres. dures, non cuites, telles que pierres tumulaires et seuils, marbre en bloc, pierres à carreler, &c.	La valeur	6 p. o/o.	1/2 p. o/o.	1 p. o/o.
Pierres. d'émeril	Les 100 livres.	0. 15.	0. 10.	0. 15.
Pierres. à feu et chiques	La valeur	3 p. o/o.	1/2 p. o/o.	1 p. o/o.
Pierres. Marbre. poli ou sculpté	*Idem*	6 p. o/o.	1/2 p. o/o.	1 p. o/o.
Pierres. Marbre. en statues	″		Exempt.	
Pierres. Marne ou pierres à chaux blanches ou bleues	La valeur	1/2 p. o/o.	Prohibé.	
Pierres. Meules	*Idem*	1 p. o/o.	1/2 p. o/o.	1 p. o/o.
Pierres. de tuf, ou à terras. non moulues	Les 100 livres.	0. 5.	0. 20.	0. 5.
Pierres. de tuf, ou à terras. moulues, broyées ou battues, dites pierres fines, terras, pierre de tuf ou à ciment	*Idem*	0. 80.	0. 5.	0. 10.
Pierres gemmes	″		Exemptes.	
Piment. de la Jamaïque	Les 100 livres.	1. 00.	0. 50.	0. 60.
Piment. d'Espagne	*Idem*	0. 60.	0. 30.	0. 40.
Pipes de terre à fumer	Les 20 grosses.	Prohibées.	0. 5.	Prohibées.
Plants d'arbres	La valeur	2 p. o/o.	1 p. o/o.	1 p. o/o.
Plomb. Balles de calibre. (*Voyez* Armes *et* Munitions de guerre.)				
Plomb. Blanc de [Céruse]	Les 100 livres.	4. 00.	0. 10.	1. 20.
Plomb. en saumons et vieux	*Idem*	1. 35.	0. 10.	0. 80.
Plomb. Mine de (*Voyez* Graphite.)				
Plomb. Minium	*Idem*	1. 00.	0. 10.	0. 80.
Plomb. ouvré de toute sorte	*Idem*	2. 35.	0. 10.	1. 20.
Plumes. à écrire. brutes / apprêtées	Les 100 en nomb.	0. 5.	0. 5.	0. 5.
Plumes. à lit	Les 100 livres.	2. 00.	1. 00.	2. 00.
Plumes. de parure. (*Voyez* Modes.)				
Plumes. autres non dénommées	*Idem*	2. 00.	1. 00.	2. 00.
Poils. de bœuf, de vache et de bouc	La valeur	1 p. o/o.	6 p. o/o.	1 p. o/o.
Poils. de lièvre et de lapin	Les 100 livres.	8. 00.	48. 00.	2. 00.
Poils. autres	*Idem*	4. 00.	16. 00.	2. 00.
Poires. (*Voyez* Fruits.)				
Poissons. d'eau douce. Écrevisses	La valeur	6 p. o/o.	Exemptes.	1 p. o/o.
Poissons. d'eau douce. autres, y compris le saumon et les anchois, frais, salés, fumés ou séchés	*Idem*	6 p. o/o.	Exempts.	1 p. o/o.
Poissons. de mer. Harengs. frais, caqués, salés, de pêche nationale.	″	Exempts.		″
Poissons. de mer. Harengs. frais, caqués, salés, de pêche étrangère.	″		Prohibés.	
Poissons. de mer. Harengs. secs ou fumés	Le last de 10,000.	Prohibés.	0. 50.	Prohibés.
Poissons. de mer. Huîtres étrangères	La valeur	1 p. o/o.	Exemptes.	1/2 p. o/o.
Poissons. de mer. Sauret	Le last de 12,000.	7. 50.	1. 50.	3. 00.
Poissons. de mer. Stockfish	Les 100 livres.	0. 15.	0. 5.	0. 15.
Poissons. de mer. autres. frais, caqués, salés, de pêche nationale.	″	Exempts.		″
Poissons. de mer. autres. frais, caqués, salés, de pêche étrangère.	″		Prohibés.	
Poissons. de mer. autres. séchés ou fumés	″	Prohibés.	Exempts.	Prohibés.

MARCHANDISES.			UNITÉS TAXÉES.	DROITS D'ENTRÉE.	DROITS DE SORTIE.	DROITS DE TRANSIT
				flor. c.	flor. c.	flor. c.
Poivre			Les 100 livres.	1. 50.	0. 05.	0. 10.
Poix			Les 13 barils ou 2,000 livres.	1. 80.	1. 20.	1. 50.
Pommes (*Voyez* Fruits non dénommés.)						
Pommes de terre			Le baril	0. 05.	Exemptes.	0. 05.
Porcelaine blanche et peinte	française ou importée de France		Les 100 livres.	30. 00.	0. 50.	0. 60.
	autre		*Idem*	10. 00.	0. 50.	0. 60.
Potasse. (*Voyez* Cendres.)						
Poterie de terre et de grès.	Creusets		La valeur	1 p. 0/0.	2 p. 0/0.	1 p. 0/0.
	Plaques de terre cuites,	jusqu'à 244 pouces de longueur, 11 pouces de largeur, 5 pouces d'épaiss.	1,000 en nomb.	1. 50.	0. 20.	1. 00.
		au-delà des dimensions ci-dessus	*Idem*	3. 00.	0. 40.	2. 00.
	autre	française ou importée de France	La valeur	15 p. 0/0.	1/2 p. 0/0.	1 p. 0/0.
		d'ailleurs	*Idem*	6 p. 0/0.	1/2 p. 0/0.	1 p. 0/0.
Poudre à poudrer			Les 100 livres.	10. 00.	0. 10.	1. 00.
Poudre à tirer (1)			*Idem*	16. 00.	1. 00.	2. 00.
Produits chimiques non dénommés.	d'origine française ou impo tés de France.		//	Prohibés.		//
	autres		La valeur	3 p. 0/0.	1 p. 0/0.	1 p. 0/0.
Prunes			Les 100 livres.	0. 30.	0. 15.	0. 25.
Quinquina.	jaune		*Idem*	1. 00.	0. 50.	1. 00.
	autre		*Idem*	2. 00.	1. 00.	2. 00.
Raisins	de Corinthe		*Idem*	1. 00.	0. 50.	0. 60.
	Verjus		*Idem*	0. 25.	0. 10.	0. 25.
	autres		*Idem*	0. 40.	0. 20.	0. 40.
Réglisse	Racine de	de Baïonne	*Idem*	0. 40.	0. 20.	0. 40.
		d'Espagne	*Idem*	0. 20.	0. 10.	0. 20.
	Jus de		*Idem*	1. 00.	0. 50.	1. 00.
Résineux non dénommés			*Idem*	0. 40.	0. 10.	0. 40.
Rhubarbe			*Idem*	5. 00.	2. 50.	5. 00.
Riz			*Idem*	0. 30.	0. 20.	0. 30.
Rocou			*Idem*	2. 00.	4. 00.	1. 80.
Roseaux			La valeur	3 p. 0/0.	1 p. 0/0.	1 p. 0/0.
Rotins			Les 100 livres.	0. 40.	0. 25.	0. 25.
Rubans de toute espèce			La valeur	6 p. 0/0.	1/2 p. 0/0.	1 p. 0/0.
Safran			La livre	0. 25	0. 10.	0. 05.
Safre			Les 100 livres.	2. 00	2. 00.	1. 00.
Sagou (*ou* terre du Japon)			*Idem*	0. 50.	0. 30.	0. 50.
Salep			*Idem*	2. 00.	0. 50.	2. 00.
Salpêtre	brut		*Idem*	2. 00.	0. 50.	2. 00.
	raffiné		*Idem*	1. 50.	0. 50.	1. 00.
Salsepareille			*Idem*	2. 00.	0. 50.	2. 00.
Sang-dragon			*Idem*	4. 00.	1. 00.	2. 00.
Sassafras. (*Voyez* Bois.)						
Saumure (*non compris un droit droit d'accise de 5 fl. par baril*)			Le baril	0. 10.	0. 10.	Prohibée.
Savon	blanc ou marbré et savonnettes		Les 100 livres.	6. 00.	0. 50.	1. 00.
	noir et vert		*Idem*	6. 00.	0. 25.	1. 00.
	parfumé		*Idem*	10. 00.	0. 50.	1. 00.

(1) Toute importation de poudre à tirer, par terre et le long des petites rivières, est prohibée. L'importation par les rivières ne peut se faire que par le Rhin, la Meuse et l'Escaut, et par des navires dits *teurlschepen*, reconnus comme tels.

L'exportation ne peut avoir lieu qu'en vertu d'une permission spéciale.

MARCHANDISES	UNITÉS TAXÉES.	DROITS D'ENTRÉE.	DROITS DE SORTIE.	DROITS DE TRANSIT.
		flor. c.	flor. c.	flor. c.
Sel (1)... brut, par les frontières maritimes... par navires nationaux	Les 100 livres.	Exempt.	0. 05.	Prohibé.
Sel (1)... brut, par les frontières maritimes... par navires étrangers	*Idem*	2. 00.	0. 05.	*Idem.*
Sel (1)... brut, par les frontières de terre	*Idem*	2. 00.	Prohibé.	*Idem.*
Sel (1)... raffiné	*Idem*	16. 00.	Exempt.	*Idem.*
Séné	*Idem*	2. 00.	1. 00.	2. 00.
Sirops non dénommés	Les 100 livres.	Prohibés.	0. 10.	Prohibés.
Smalt [*blaauwse*]	*Idem*	0. 60.	0. 30.	0 60.
Soie... écrue	*Idem.*	2. 00.	10. 00.	3. 00.
Soie... moulinée	*Idem*	20. 00.	10. 00.	4. 00.
Soie... à coudre ou à broder	*Idem*	40. 00.	10. 00.	4. 00.
Soie... (Bourre de). non filée	La valeur	1 p. o/o.	2 p. o/o.	1 p. o/o.
Soie... (Bourre de). filée [fleuret]	Les 100 livres.	15. 00.	10. 00.	2. 00.
Soies de porc	*Idem*	2. 00.	1. 50.	1. 50.
Soja	La livre	3 p. o/o.	2 p. o/o.	1 p. o/o.
Soude	Les 100 livres.	0. 40.	0. 10.	0. 40.
Soufre... brut	*Idem*	0. 20.	0. 20.	0. 20.
Soufre... épuré	*Idem*	1. 20.	0. 10.	0. 60.
Soufre... sublimé, en poudre	*Idem*	1. 50.	0. 15.	0. 90.
Sucre (2)... brut, tête et terré, par navires nationaux	*Idem*	0. 10.	1. 00.	1. 00.
Sucre (2)... brut, tête et terré, par navires étrangers	*Idem*	0. 80.	1. 00.	1. 50.
Sucre (2)... raffiné et mélangé avec du sucre brut	*Idem*	36. 00.	0. 05.	2. 00.
Sucre (2)... Sirop de	*Idem*	Prohibé.	0. 10.	Prohibé.
Suif	*Idem*	0. 80.	0. 30.	0. 60.
Sumac	*Idem*	0. 20.	0. 10.	0. 20.
Tabac... en feuilles... indigène	*Idem*	//	0. 10.	//
Tabac... en feuilles... d'Ukraine et autres pays d'Europe	*Idem*	0. 65.	0. 20.	0. 20.
Tabac... en feuilles... du Brésil	*Idem*	0. 50.	0. 10.	0. 50.
Tabac... en feuilles... de Varinas	*Idem*	6. 00.	1. 00.	5. 00.
Tabac... en feuilles... des États-Unis... de Maryland	*Idem*	0. 80.	0. 10.	0. 80.
Tabac... en feuilles... des États-Unis... autre	*Idem*	0. 70.	0. 10.	0. 65.
Tabac... en feuilles... de Porto-Rico, Saint-Domingue, la Havane	*Idem*	1. 00.	1. 40.	1. 30.
Tabac... en feuilles... d'Orénoque	*Idem*	2. 50.	2. 00.	2. 00.
Tabac... en feuilles... des Indes orientales	*Idem*	0. 30.	0. 10.	0. 20.
Tabac... en rouleaux. du Brésil. (*Comme* en feuilles.)				
Tabac... en rouleaux. de Varinas. (*Idem.*)				
Tabac... en rouleaux. autre	*Idem*	11. 00.	3. 60.	5. 00.
Tabac... en côtes... aplaties	*Idem*	1. 50.	0. 10.	0. 50.
Tabac... en côtes... autres	*Idem*	0. 80.	0. 20.	0. 40.
Tabac... en cigarres. importé des ports hors d'Europe	*Idem*	12. 00.	0. 20.	4. 00.
Tabac... en cigarres. *idem* des ports d'Europe	*Idem*	24. 00.	0. 20.	8. 00.
Tabac... haché, en carottes, en poudre, et autre ouvré	*Idem*	12. 00.	0. 20.	4. 00.
Tableaux	//		Exempts.	
Tapis et tapisseries	La valeur	10 p. o/o.	1/2 p. o/o.	1 p. o/o.
Tartre de vin	Les 100 livres.	0. 50.	0. 30.	0. 50.
Teintures non dénommées	La valeur	1 p. o/o.	1/2 p. o/o.	1 p. o/o.
Térébenthine... de Venise	Les 100 livres	0. 80.	0. 40.	0. 80.
Térébenthine... autre	*Idem*	0. 30.	0. 15.	0. 30.

(1) La sortie par mer, avec décharge de l'accise, qui est de 6 fl. par 100 livres, ne peut se faire qu'en vertu d'une permission spéciale de l'administration.

(2) Le sucre paie de plus un droit d'accise de 9 fl. par 100 livres.

MARCHANDISES.	UNITÉS TAXÉES.	DROITS D'ENTRÉE.	DROITS DE SORTIE.	DROITS DE TRANSIT.
		flor. c.	flor. c.	flor. c.
Terres... de Cologne	Les 100 livres.	0. 5.	0. 5.	0. 5.
Terres... Craie rouge	Idem.	0. 10.	0. 5.	0. 10.
Terres... à faïence, à porcelaine, à potier, à pipes et à foulon	La valeur.	1/2 p. 0/0.	1 p. 0/0.	1 p. 0/0.
Thé... importé directement, en chargement complet, de la Chine ou des possessions hollandaises dans les Indes orientales, pour compte des nationaux et par navires nationaux — Bou et Congo gros	Les 100 livres.	7. 00.	0. 35.	Prohibé.
Thé... importé directement, etc. — autre	Idem.	12. 00.	0. 35.	Idem.
Thé... d'ailleurs, par navires étrangers — Bou et Congo gros	Idem.	18. 00.	0. 35.	Idem.
Thé... d'ailleurs, par navires étrangers — autre	Idem.	24. 00.	0. 35.	Idem.
Tissus... de coton... Nanquin. étroit	La pièce.	0. 5.	0. 1.	0. 5.
Tissus... de coton... Nanquin. large	Idem.	0. 10.	0. 2.	0. 10.
Tissus... de coton... Toiles... blanches	Les 100 livres.	60. 00.	0. 35.	3. 00.
Tissus... de coton... Toiles... imprimées ou teintes	Idem.	70. 00.	0. 35.	3. 50.
Tissus... de coton... Toiles... à carreaux	Idem.	120. 00.	6. 00.	12. 00.
Tissus... de coton... autres	Idem.	120. 00.	6. 00.	12. 00.
Tissus... de crin	Idem.	34. 00.	Exempts.	5. 50.
Tissus... de laine... Draps... d'origine française et importés de France	//		Prohibés.	
Tissus... de laine... Draps... d'ailleurs. valant jusqu'à 4 fl. l'aune	Les 100 livres.	40. 00.	Exempts.	5. 00.
Tissus... de laine... Draps... d'ailleurs. valant de 4 à 8 fl. idem	Idem.	70. 00.	Idem.	5. 00.
Tissus... de laine... Draps... d'ailleurs. valant de 8 à 12 fl. idem	Idem.	100. 00.	Idem.	5. 00.
Tissus... de laine... Draps... d'ailleurs. valant de 12 à 16 fl. idem	Idem.	120. 00.	Idem.	5. 00.
Tissus... de laine... Draps... d'ailleurs. valant plus de 16 fl. idem	Idem.	150. 00.	Idem.	5. 00.
Tissus... de laine... Casimirs. d'origine française ou importés de France	//		Prohibés.	
Tissus... de laine... Casimirs. d'ailleurs. valant jusqu'à 2 fl. l'aune	Les 100 livres.	40. 00.	Exempts.	5. 00.
Tissus... de laine... Casimirs. d'ailleurs. valant de 2 à 4 fl. idem	Idem.	70. 00.	Idem.	5. 00.
Tissus... de laine... Casimirs. d'ailleurs. valant de 4 à 6 fl. idem	Idem.	100. 00.	Idem.	5. 00.
Tissus... de laine... Casimirs. d'ailleurs. valant de 6 à 8 fl. idem	Idem.	120. 00.	Idem.	5. 00.
Tissus... de laine... Casimirs. d'ailleurs. plus de 8 fl. idem	Idem.	150. 00.	Idem.	5. 00.
Tissus... de laine... autres	Idem.	34. 00.	Idem.	5. 50.
Tissus... de lin et de chanvre. Batiste	La livre.	4. 00.	Exempte.	0. 40.
Tissus... de lin et de chanvre. Toile de Cambrai	Idem.	1. 50.	Idem.	0. 37.
Tissus... de lin et de chanvre. Coutil	La valeur.	6 p. 0/0.	1/2 p. 0/0.	1 p. 0/0.
Tissus... de lin et de chanvre. Nappes et serviettes en pièces. écrues	Idem.	2 p. 0/0.	Exemptes.	1 p. 0/0.
Tissus... de lin et de chanvre. Nappes et serviettes en pièces. blanchies et damassées	Idem.	3 p. 0/0.	Idem.	1 p. 0/0.
Tissus... de lin et de chanvre. Toile... à voiles	Le rouleau.	0. 50.	Idem.	0. 25.
Tissus... de lin et de chanvre. Toile... cirée	La valeur.	6 p. 0/0.	1/2 p. 0/0.	1 p. 0/0.
Tissus... de lin et de chanvre. Toile... non dénommée. écrue ou blanchie	Idem.	1 p. 0/0.	Exempte.	1/2 p. 0/0
Tissus... de lin et de chanvre. Toile... non dénommée. teinte	Idem.	3 p. 0/0.	Idem.	1 p. 0/0.
Tissus... de lin et de chanvre. autres articles	Idem.	6 p. 0/0.	1/2 p. 0/0.	1 p. 0/0.
Tissus... de poil	Les 100 livres.	34. 00.	Exempts.	5. 50
Tissus... de soie... des Indes orientales	La valeur.	6 p. 0/0.	1/2 p. 0/0.	1/5 p. 0/0
Tissus... de soie... d'ailleurs non dénommés	La livre.	4. 00.	0. 35.	0. 70
Tourbe	Le double baril.	0. 05.	0. 05.	0. 10
Tournesol	Les 100 livres.	3. 00.	0. 25.	1. 80
Tourteaux de chenevis et de lin (1)	Idem.	0. 10.	1. 00.	0. 50
Tuiles et pannes	1,000 en nom.	2. 00.	0. 25.	1. 00
Tulle	La valeur.	6 p. 0/0.	Exempt.	1 p. 0/0
Vanille	La livre.	1. 00.	0. 20.	0. 10
Vannerie	La valeur.	6 p. 0/0.	1/2 p. 0/0.	1 p. 0/0

(1) Il est réservé au Roi de permettre la sortie des tourteaux par *Hellevoets-Luis* et autres bureaux situés plus au nord du royaume, moyennant un droit de 40 cents les 100 livres.)

MARCHANDISES.	UNITÉS TAXÉES.	DROITS D'ENTRÉE.	DROITS DE SORTIE.	DROITS DE TRANSIT.
		flor. c.	flor. c.	flor. c.
Verjus	Le baril	0. 50.	0. 50.	0. 50.
Vermicelle. (*Voyez* Farine.)				
Vermillon	Les 100 livres.	6. 00.	2. 00.	1. 80.
Verres et verrerie. — importés par le Rhin	La valeur	4 p. o/o.	1/2 p. o/o.	1 p. o/o.
Verres et verrerie. — importés par autre voie. — d'origine française ou importés de France (*autres que* Glaces *et* Miroirs)	″	Prohibés.		
Verres et verrerie. — importés par autre voie. — d'ailleurs, de toute sorte	La valeur	6 p. o/o.	1/2 p. o/o.	1 p. o/o.
Verres et verrerie. — cassés ou groisil	Le baril	0. 05.	Prohibés.	
Vert — de Frise, de Brunswick, verdet, vert de gris	Les 100 livres.	3. 00.	1. 00.	1. 50.
Vert — de Brême	*Idem*	5. 00.	1. 50.	2. 50.
Viande — salée de toute espèce, en tonneaux	*Idem*	8. 00.	0. 30.	1. 50.
Viande — fumée — Cimiers de bœuf	*Idem*	16. 00.	0. 30.	1. 50.
Viande — fumée — Côtes de bœuf	*Idem*	20. 00.	0. 30.	1. 50.
Viande — fumée — Jambons	*Idem*	12. 00.	0. 30.	1. 50.
Viande — autre non dénommée	*Idem*	15. 00.	0. 30.	1. 50.
Vin (1) — en barils	Le baril	0. 10.	1. 00	1. 00.
Vin (1) — en bouteilles de 116 ou plus au baril	Les 100 bout.	5. 00.	0. 50.	1. 50.
Vin (1) — plus. (*Droit d'accise*)	Le baril	9. 00.	″	″
Vinaigre (2). — de vin, de bierre et vinaigre artificiel. — en barils	*Idem*	7. 50.	0. 05.	1. 50.
Vinaigre (2). — de vin, de bierre et vinaigre artificiel. — en bouteilles de 116 ou plus au baril	Les 100 bout.	10. 50.	0. 05.	1. 50.
Vinaigre (2). — de vin, de bierre et vinaigre artificiel. — en cruches à eau de Selters	Les 100 cruches	15. 00.	0. 08.	2. 25.
Vinaigre (2). — de bois — en barils	Le baril	50. 00.	0. 50.	1. 50.
Vinaigre (2). — de bois — en bouteilles de 116 ou plus au baril	Les 100 bout.	53. 00.	0. 50.	1. 50.
Voitures	La valeur	6 p. o/o.	1/2 p. o/o.	1 p. o/o.
Zinc — Toutenague	Les 100 livres.	2. 00.	0. 25.	1. 00.
Zinc — laminé	*Idem*	2. 50.	0. 10.	1. 50.
Marchandises non dénommées	La valeur	2 p. o/o.	1 p. o/o.	1 p. o/o.

(1) Les vins d'origine française ne peuvent être importés que par mer.
(2) Les vinaigres d'origine française ne peuvent être importés que par mer.

SECOND SUPPLÉMENT

AU TARIF DES DOUANES DES PAYS-BAS.

Droits établis par la loi du 31 Mars 1828.

MARCHANDISES.	UNITÉS TAXÉES.	DROITS d'entrée.	DROITS de sortie.	DROITS de transit.
		flor. c.	flor. c.	flor. c.
BOUGIES de blanc de baleine. (Comme BOUGIES.)				
CUIRS. (Voir ci-après PEAUX.)				
DENTELLES	La valeur.	10 p. o/o.	Exemptes.	1 p. o/o.
FER DE FONTE, en gueuses de toute forme, et tel qu'il sort des hauts fourneaux	Les 100 livres.	0. 25.	0. 25.	0. 20.
FERBLANC ouvré. (Comme FER OUVRÉ.)				
PEAUX de loutre, apprêtées. (Comme PELLETERIES.)				
PEAUX autres sèches	*Idem.*	0. 25.	1. 75.	1. 00.
PEAUX autres tannées	*Idem.*	15. 00.	0. 10.	1. 50.
PLOMB brut, en blocs ou saumons, et vieux	*Idem.*	0. 25.	0. 10.	0. 25.
TISSUS de coton (Toiles et étoffes de), sans distinction de noms et d'espèces (1) blancs	*Idem.*	85. 00.	0. 35.	3. 50.
TISSUS de coton (Toiles et étoffes de), sans distinction de noms et d'espèces (1) imprimés ou teints.	*Idem.*	100. 00.	0. 35.	3. 50.
TISSUS de laine, mélangés de soie, de poil de chèvre ou de fil de Turquie	*Idem.*	90. 00.	1. 50.	3. 00.

(1) Les étoffes mélangées sont classées dans la catégorie des espèces auxquelles appartient la matière principale dont se compose ordinairement la trame.

Afin de prévenir toute erreur, il est entendu que la présente loi n'apporte aucune modification aux droits établis par le tarif du 26 août 1822 et les lois subséquentes pour les articles suivans, savoir :

Tissus et étoffes de laine, de soie; draps et casimirs; bas, bonnets, mitaines, gants, &c.; habillemens neufs à l'usage d'homme et de femme; passementerie; tapis; étoffes de soie venant du Bengale ou autres endroits des grandes Indes; toiles et toiles à carreaux, de chanvre, de lin et d'étoupe, écrues, blanchies ou teintes, pour nappes, serviettes écrues, blanchies ou damassées; toiles de Cambrai; batistes; toiles à voiles; coutils; nankins larges et étroits; toile cirée.

Les tissus, toiles et étoffes qu'on ne pourrait classer dans une des catégories énoncées, seront soumis à un droit de 6 p. o/o à l'entrée, de demi p. o/o à la sortie, et de 1 p. o/o au transit.

MARCHANDISES.		UNITÉS TAXÉES.	DROITS d'entrée.	DROITS de sortie.	DROITS de transit.
			flor. c.	flor. c.	flor. c.
TULLE		La valeur.	10 p. o/o.	Exempt.	1 p. o/o.
VINS importés par terre (1)	en bouteille	Les 100 bout.	8. 00.	0. 50.	1. 50.
	en futaille	La futaille.	3. 10.	1. 00.	1. 00.

(1) Par suite de cette disposition, la prohibition à l'entrée par les frontières de terre, établie par la loi du 8 janvier 1824 (Journal officiel, N.° 4), est révoquée.

TROISIÈME SUPPLÉMENT

AU

TARIF DES DOUANES DES PAYS-BAS.

Nota. Le présent tableau indique les différences existant entre la publication, avec ses supplémens, e par le Bureau de commerce et une nouvelle édition officielle du Tarif néerlandais imprimée, cette ée, à La Haye.

Quelques-unes de ces différences portent seulement sur la rédaction; le plus grand nombre concerne les its, mais principalement ceux de transit.

Toutefois on a, pour les articles auxquels s'applique l'une ou l'autre de ces différences, reproduit avec les its modifiés ceux qui n'ont subi aucun changement, afin d'éviter la peine de recourir, à l'égard de ces nes articles, au corps du Tarif.

MARCHANDISES.	UNITÉS TAXÉES.	DROITS		
		D'ENTRÉE.	DE SORTIE.	DE TRANSIT.
		fl. c.	fl. c.	fl. c.
ACIDES. — Les droits indiqués précédemment ne s'appliquent qu'à l'acide muriatique. Pour les acides nitrique et vitriolique, voir, dans le tarif, *Eau forte*, et ci-après, *Huile de vitriol*.				
AGARIC	Les 100 livres.	1. 00.	0. 50.	1. 00.
BAIES de genièvre	*Idem.*	0. 50.	0. 20.	0. 40.
BOIS — Cercles et cerceaux, d'osier rouge, de 22 à 26 palmes 7 pouces de long	La valeur.	6 p. o/o.	Prohibés.	6 p. o/o.
BOIS — Cercles et cerceaux, de saule	*Idem.*	Prohibés.	1/2 p. o/o.	1/2 p. o/o.
BOIS — Feuillard préparé en tout ou en partie, en cerceaux, échalas, gaules, perches, &c.	*Idem.*	6 p. o/o.	Prohibé.	6 p. o/o.
BOIS — Merrain, pour barrils à harengs	*Idem.*	Prohibé.	"	1 p. o/o.
BOIS — Saule, pour cerceaux	*Idem.*	*Idem.*	"	1 p. o/o.
BOIS — de teinture, moulus	Les 100 livres.	*Idem.*	0. 50.	0. 50.
CACAO (Pellicules de)	*Idem.*	0. 30.	0. 15.	0. 30.
CALAMINE	*Idem.*	0. 50.	0. 20.	0. 50.
CARDES de fil d'archal	La valeur.	10 p. o/o.	1/2 p. o/o.	1 p. o/o.
CENDRES de savonnerie et de saline	*Idem.*	1/2 p. o/o.	Prohibées.	1/2 p. o/o.
CORDAGES vieux et usés, ne pouvant plus servir à la navigation, ainsi que ceux coupés en pièce ou réduits en filasse	Les 100 livres.	0. 05.	Prohibés.	0. 05.
COUPEROSE blanche	*Idem.*	0. 60.	0. 30.	0. 30.
COUPEROSE bleue	*Idem.*	1. 00.	0. 50.	0. 50.
CUIVRE en flan, pour les monnaies	La valeur.	Prohibé.	1/2 p. o/o.	1/2 p. o/o.

MARCHANDISES.	UNITÉS TAXÉES.	DROITS D'ENTRÉE.	DROITS DE SORTIE.	DROITS DE TRAN[SIT]
		fl. c.	fl. c.	fl.
CUMIN	Les 100 livres.	0. 50.	0. 30.	0. 5
CURCUMA... moulu	*Idem.*	1. 50.	0. 30.	1. 0
CURCUMA... non moulu	*Idem.*	1. 00.	0. 30.	0. 5
DRILLES et CHIFFONS	*Idem.*	0. 05.	Prohibés.	0. 0
ENGRAIS, autres que cendres de foyer	La valeur.	Exempts.	*Idem.*	1 p. o/
FER... minérai	*Idem.*	1/2 p. o/o.	Prohibé.	1/2 p. o
FER... Fonte	Les 100 livres.	0. 25.	1. 00.	0. 2
FER... vieux, ou ferraille	La valeur.	Prohibé.	3 p. o/o.	3 p. o/
FIL... à dentelles... dit *de France*... blanc et tors	*Idem.*	5 p. o/o.	Exempt.	1 p. o/
FIL... à dentelles... dit *de France*... écru ou non tors	*Idem.*	Exempt.	5 p. o/o.	1 p. o/
FIL... à dentelles... autre, simple, ou non tors	*Idem.*	1/2 p. o/o.	5 p. o/o.	1 p. o/
FIL... à filets, pour harengs	*Idem.*	1/2 p. c/o.	Prohibé.	1/2 p. o
FILETS pour pêche, vieux et usés	Les 100 livres.	0. 05.	*Idem.*	0. 0
FUTAILLES neuves et vides, de toute espèce	La valeur.	Prohibées.	1/2 p. o/o.	1/2 p. o
FUTAILLES Barils à harengs, vides	*Idem.*	*Idem.*	"	1 p. o/
GARANCE.... Racines vertes ou séchées et broyées ailleurs que dans les fours à garance. *Nota.* Dans le premier supplément, au lieu de *Garance sans distinction*, lisez *en poudre, commune et mule.*	*Idem.*	1/2 p. o/o.	Prohibées.	1 p. o/
GAUDE	Les 100 livres.	0. 50.	0. 50.	0. 5c
GIROFLE (Clous et antoffles de), autres que de Batavia, importés directement	La valeur.	3 p. o/o.	1/2 p. o/o.	1 p. o/c
GOMME.... Galbanum, Gutte	Les 100 livres.	3. 00.	1. 50.	2. 00
GOMME.... Olibanum	*Idem.*	1. 00.	0. 50.	0. 75
GRAVURES	La valeur.	1 p. o/o.	1/2 p. o/o.	1 p. o/o
HORLOGES et PENDULES	*Idem.*	6 p. o/o.	1/2 p. o/o.	1 p. o/o
HUILE... de poisson... (de foie de)	Le baril.	0. 25.	0. 10.	0. 25
HUILE... de poisson... autre, de pêche nationale, y compris la pêche du détroit de Davis	*Idem.*	Exempte.	0. 25.	"
HUILE... de vitriol... d'origine française ou importée de France	"	Prohibée.	"	"
HUILE... de vitriol... autre	Les 100 livres.	1. 20.	0. 05.	0. 50.
JONCS. (Comme ROSEAUX.)				
MÉLASSE... brute, importée d'ailleurs que des pays hors d'Europe, et par navires nationaux	La valeur.	Prohibée.	"	1 p. o/o.
MÉLASSE... épurée	*Idem.*	*Idem.*	"	1 p. o/o
OREILLONS à fabriquer la colle-forte	*Idem.*	1/2 p. o/o.	Prohibés.	1/2 p. o/o

MARCHANDISES.	UNITÉS TAXÉES.	DROITS D'ENTRÉE.	DROITS DE SORTIE.	DROITS DE TRANSIT.
		fl. c.	fl. c.	fl. c.
Os de bœuf, de vache et d'autres animaux	La valeur.	1/2 p. o/o.	Prohibés.	1/2 p. o/o.
PAPIER — portant les noms ou les marques caractéristiques des papeteries du royaume des Pays-Bas	*Idem.*	Prohibé.	〃	1/2 p. o/o.
PAPIER — vieux, et rognures	Les 100 livres.	o. o5.	Prohibé.	o. o5.
PARCHEMIN (Rognures de)	La valeur.	1/2 p. o/o.	*Idem.*	o. o5.
PEAUX — brutes — de veau	*Idem.*	1 p. o/o.	6 p. o/o.	1 p. o/o.
PEAUX — brutes — autres que celles reprises au tarif (comme articles non dénommés).				
PEAUX — apprêtées, de toute sorte, non dénommées	Les 100 livres.	15. oo.	o. 30.	1. 50.
PEAUX — (Rognures de)	La valeur.	1/2 p. o/o.	Prohibées.	1/2 p. o/o.
PIERRES. — Marne ou pierres à chaux blanches ou bleues	*Idem.*	1/2 p. o/o.	*Idem.*	1/2 p. o/o.
PIPES de terre, à fumer	Les 20 grosses.	Prohibées.	o. o5.	o. o5.
PLANTS d'arbres	La valeur.	2 p. o/o.	1/2 p. o/o.	1 p. o/o.
POISSON — Harengs — frais, caqués, salés, de pêche étrangère	*Idem.*	Prohibés.	〃	1 p. o/o.
POISSON — Harengs — secs et fumés	Le last de 10000	*Idem.*	o. 50.	o. 50.
POISSON — Morue d'Ostfrise	Le tonneau.	1. 50.	〃	1. 50.
PORCELAINE — française ou importée de France	Les 100 livres.	30. oo.	o. 50.	1. oo.
PORCELAINE — autre	*Idem.*	10. oo.	o. 50.	1. oo.
POTERIE de terre et de grès. — Plaques de terre cuite : au lieu de *244 pouces de long et 11 pouces de largeur*, lisez *24 pouces 1/2 de longueur et 11 pouces 3/4 de largeur.*				
PRODUITS CHIMIQUES non dénommés	La valeur.	3 p. o/o.	1 p. o/o.	1 p. o/o.
SALPÊTRE — brut	Les 100 livres.	1. oo.	o. 50.	1. oo.
SALPÊTRE — raffiné	*Idem.*	1. 50.	o. 20.	1. 50.
SAUMURE	Le baril.	o. 10.	o. 10.	o. 10.
SEL — brut — par les frontières maritimes — par navires nationaux	Les 100 livres.	Exempt.	o. o5.	o. o5.
SEL — brut — par les frontières maritimes — par navires étrangers	*Idem.*	2. oo.	o. o5.	2. oo.
SEL — brut — par les frontières de terre	*Idem.*	2. oo.	Prohibé.	2. oo.
SEL — raffiné	*Idem.*	16. oo.	Exempt.	16. oo.
TABAC en feuilles, de Porto-Rico, Saint-Domingue, la Havane.	*Idem.*	1. oo.	o. 40.	1. 30.
VERJUS en bouteille, de 116 ou plus au baril	Les 100 bout.	3. 50.	o. 50.	o. 50.
VERRES importés par autre voie que le Rhin, d'origine française ou importés de France — Glaces à miroirs — encadrées (comme *Meubles*).				
VERRES importés par autre voie que le Rhin, d'origine française ou importés de France — Glaces à miroirs — autres	La valeur.	6 p. o/o.	1/2 p. o/o.	1 p. o/o.
VERRES importés par autre voie que le Rhin, d'origine française ou importés de France — autres	〃	Prohibés.	〃	Prohibés.

TARES

TARES SPÉCIALES POUR QUELQUES ARTICLES.

FAÏENCE. — Par 100 livres poids brut.................................... 15 livres.

INDIGO en { caisses; par 100 livres.. 25 livres.
surons; par 100 livres... 15 livres.

SUCRE en {
caisses ..... { de la Havane; par 100 livres...................... 18 livres.
autre; par 100 livres.......................... 20 livres.

canasters; par 100 livres.. 10 livres.

emballages en cuir, nattes, paniers, toile et autres; par 100 livres... 8 livres.

futailles; par 100 livres.. 15 livres.

Nota. Pour le sucre raffiné à l'intérieur et exporté, la tare est de 12 p. o/o de tout baril de bois, sans distinction, et de 8 p. o/o de tout autre emballage; sauf la faculté de faire constater séparément la tare des barils ou emballages : dans ce dernier cas, la tare, pour les pains enveloppés de papier et de corde, est de 2 1/2 p. o/o.

Quant au sucre candi, le poids net en doit être déclaré, et le poids de la caisse doit être apposé sur chaque caisse en particulier.

VIF-ARGENT. — La tare, pour les cruches en fer, sera fixée par l'employé supérieur du lieu.

A PARIS, DE L'IMPRIMERIE ROYALE. — Octobre 1828.

QUATRIÈME SUPPLÉMENT
AU
TARIF DES DOUANES DES PAYS-BAS.

DROITS établis par la loi du 24 Décembre 1828.

	UNITÉS TAXÉES.	DROITS D'ENTRÉE.	DROITS DE SORTIE.	DROITS DE TRANSIT.
Bois autres que communs, de teinture, moulus	100 livres.	"	Exempts.	"
Habillemens, sarraux de toile de lin	La valeur.	10 p. 0/0.	*Idem.*	1 p. 0/0.
Lin brut, y compris le déchet dit *snuit*	100 livres.	"	0f 30c	"
Livres imprimés dans les Pays-Bas et sur papier indigène	*Idem.*	"	Exempts.	"
Peaux (Rognures de)	"	"	(1)	"
Tourteaux de navette, de chenevis et de lin	100 livres.	0f 50c	(2)	"

(1) Il est réservé au Roi de permettre la sortie des rognures de cuir, par certains bureaux, sans paiement de droit.

(2) Il est réservé au Roi de permettre la sortie des tourteaux, par Hellevoestluis et autres bureaux situés plus au nord du royaume, moyennant un droit de 5 cents les 100 livres, et de diminuer les droits d'entrée sur cet article, jusqu'au même taux, si les intérêts de l'agriculture venaient à l'exiger.

www.ingramcontent.com/pod-product-compliance
Ingram Content Group UK Ltd.
Pitfield, Milton Keynes, MK11 3LW, UK
UKHW020524230726
13925UKWH00005B/2227

9 782014 109863